PAROLES PRONONCÉES

AU

SERVICE FUNÈBRE

DE

M. ARMAND-DELILLE

Ancien pasteur de l'Église réformée évangélique
de Paris,
Fondateur de l'*Œuvre de la Rue Royale*
et de l'*Œuvre des Affligés*.

29 Décembre 1890

PARIS
IMPRIMERIE CHARLES SCHLAEBER
257, RUE SAINT-HONORÉ, 257

1892

PAROLES PRONONCÉES

AU

SERVICE FUNÈBRE

DE

I. ARMAND-DELILLE

PAROLES PRONONCÉES

AU

SERVICE FUNÈBRE

DE

I. ARMAND-DELILLE

Ancien Pasteur de l'Église réformée évangélique de Paris,

Fondateur de l'*Œuvre de la Rue Royale*

et de l'*Œuvre des Affligés*.

29 Décembre 1890

PARIS
IMPRIMERIE CHARLES SCHLAEBER
257, RUE SAINT-HONORÉ, 257

1892

ALLOCUTION DE M. LE PASTEUR TH. MONOD

Mes frères,

Nous étions réunis, il y a un an, dans une des chapelles de l'Église Libre pour rendre les derniers devoirs à un pasteur de l'Église de la Confession d'Augsbourg; il y a quelques mois, j'étais appelé à présider, dans une église luthérienne, le service funèbre d'un membre de l'Église réformée; aujourd'hui, c'est dans un temple de l'Église réformée (1) que nous sommes rassemblés autour du cercueil d'un des pasteurs les plus vénérés de l'Église Libre. Rien ne saurait manifester d'une manière plus claire et plus touchante à quel point nos Églises sont unies les unes aux autres dans la foi et dans l'amour fraternel.

Cet amour, qui l'a mieux connu, mieux apprécié, mieux pratiqué que M. Armand-Delille? S'il me fallait, pour vous parler de lui, emprunter un texte à l'Écriture Sainte, j'irais le lui demander à lui-même et je le trouverais dans ces quelques pages pleines de poésie, de piété, de grâce enjouée qu'il a composées pour ses petits-enfants et qu'il a intitulées *le Tapis merveilleux*, désignant sous ce nom, dans une allégorie charmante, la parole du Seigneur à ses disciples : *Demeurez dans mon amour.* (Jean, XV, 9.) C'est un sillon d'amour et de lumière que notre frère a laissé derrière lui.

M. Armand-Delille était né en 1811, dans le département de la Drôme. Sa famille descendait des Vaudois du Piémont, comme il se plaisait à le rappeler. Son père fut pasteur de l'Église réformée de Valence. Il commença

(1) Le Temple du Saint-Esprit.

lui-même son ministère comme pasteur de l'Église réformée de Marseille, où il passa huit ans et eut pour collègue Napoléon Roussel. Sa santé, déjà délicate, l'obligea à interrompre son ministère pour se retirer en Suisse. De là, il vint à Paris où il fut un des plus actifs collaborateurs du comte Agénor de Gasparin dans la fondation de la *Société des Intérêts généraux du protestantisme français*. Il fut placé à la tête de ce qu'on appelait *la Maison d'études*, dans laquelle un certain nombre d'étudiants se trouvaient réunis sous une direction paternelle et chrétienne. Pendant vingt-sept ans, il ne cessa point de recevoir dans sa famille, d'abord à la rue Saint-André-des-Arts, puis à la rue de Fleurus, des jeunes gens qui ont conservé de leur séjour sous son toit le plus affectueux souvenir.

En 1846, il ouvrit une salle de culte au faubourg Saint-Honoré, quartier de Paris qui n'avait pas alors les ressources religieuses qu'il possède aujourd'hui. A la suite du Synode de 1848, qui refusa (ce que n'a pas fait celui de 1872) d'affirmer à nouveau la foi évangélique de l'Église réformée, il suivit ses amis Frédéric Monod et Agénor de Gasparin dans une retraite où les accompagnèrent tous les respects de l'Église entière. Il fut un des membres du Synode constituant de l'Union des Églises libres de France, en 1849 — (un représentant de ces Églises prendra tout-à-l'heure la parole en leur nom).

M. Armand-Delille se rallia plus spécialement à l'Église réformée évangélique de Paris et présida, avec Frédéric Monod, le culte qui se célébrait alors au passage des Petites-Écuries, dans un local plus que modeste, pour se transporter ensuite dans une ancienne forge, rue de Chabrol, et enfin dans l'église qu'elle occupe aujourd'hui sous le nom de chapelle du Nord.

M. Armand-Delille n'en poursuivait pas moins l'œuvre qu'il avait lui-même inaugurée et dont le lieu de culte fut transféré du faubourg Saint-Honoré à la rue de Berri et, plus tard, à la rue Royale.

Que de précieux souvenirs se rattachent à cette petite chapelle de la rue Royale, dont le nom est devenu inséparable de celui de notre frère! C'était à la fois un lieu de culte intime et familier, un centre d'alliance évangélique où tous les chrétiens se rencontraient avec joie; enfin une source quotidienne d'évangélisation populaire. C'est cette dernière œuvre qui a été tout spécialement la sienne, ou plutôt, comme il l'appelait lui-même, « du nom de son auteur : l'œuvre *de Dieu* à la rue Royale ». Voici en quels termes il en raconte la fondation :

« Dès qu'un homme ouvre son cœur à la grâce de Dieu, » une grande responsabilité pèse sur lui. Il sent qu'il se » doit à ses semblables pour leur faire part de ce qu'il » a reçu. Pasteur dans une grande ville, le souci des » brebis sans berger le poursuit jusque dans son sommeil. » Il se demande avec anxiété où s'arrêtent les limites de » sa petite paroisse perdue dans la grande et s'il n'a pas » charge de plus d'âmes qu'il n'y a de noms inscrits dans » les registres de son église. Il est vrai qu'à certaines » heures les portes du temple ou de la chapelle sont » ouvertes et que ceux du dehors y sont aussi bien reçus » que les membres du troupeau. Mais on sait à quoi » s'en tenir sur ces portes ouvertes. La foule passe au » pied des édifices religieux, se répand dans les promenades, les gares, les théâtres, les cafés-concerts; le » flot pénètre partout, excepté là. Faut-il en prendre son » parti et laisser, dans leur isolement, ceux qui se tiennent » à distance? Non. Les masses ne viennent pas à nous; » c'est à nous d'aller à elles. Ce n'est pas la brebis qui » cherche le berger. C'est le berger qui cherche la brebis. Mais comment s'y prendre? par où commencer? » Prêcher sur les promenades, dans les jardins publics, » sur les places, dans les carrefours? Ce serait le moyen

» d'atteindre le plus de monde. Mais les règlements de » police s'opposent à la prédication en plein air. Alors il » faut faire ce qui s'en rapproche le plus, en ouvrant des » salles sur le passage de la foule et en exerçant sur elle » la pression de la douceur et de l'amour pour la forcer » d'entrer.

» Toutes les autres issues restant obstinément fer» mées, il y en a une qui s'ouvre toute grande, lumineuse, » du côté de la chapelle de la rue Royale. C'était la » place qu'il m'avait préparée. J'y entre. J'y fais le service » ordinaire de tous les dimanches. Ce n'est pas assez. » C'est pour une œuvre plus générale, plus importante » que le Seigneur m'a appelé à ce poste avancé. Il me » prend à partie. J'ai beau me réfugier dans mon im» puissance, il m'y poursuit et ne me laisse pas de repos » que je n'aie pris, comme sous la pression de la con» trainte, l'engagement d'annoncer l'Évangile tous les » jours, à portes ouvertes, avec invitation à l'entrée. » O mon Dieu, je te prends à témoin, devant mes frères, » que ce n'est pas moi qui me suis chargé volontaire» ment de ce fardeau, mais que c'est toi qui l'a mis de tes » propres mains sur mes épaules ! »

Il faut lire les rapports successifs de cette œuvre pour se rendre compte de l'action considérable qu'elle n'a cessé d'exercer. M. le pasteur Hirsch, amené lui-même à l'évangile par cette œuvre et qui la continue aujourd'hui, nous en parlera lui-même. Antérieure à l'œuvre Mac All, elle en avait tracé par avance le programme dans ce qu'il a d'essentiel. Un des auxiliaires de M. Armand-Delille me disait ces jours derniers : « Nous avions souvent de la peine à décider les gens à entrer dans la chapelle de la rue Royale ; mais, une fois qu'ils se trouvaient en présence de ce beau vieillard au regard plein de lumière et de bonté, ils étaient pris. »

Dépossédé de cette chapelle à la suite de la vente de

la propriété, notre frère fut amené à fonder une mission de même nature, mais plus spéciale, dans le voisinage des cimetières de Saint-Ouen et de Pantin. Laissons-le nous en raconter lui-même l'origine :

« Il n'a fallu que quelques jours pour que l'*œuvre de la* » *rue Royale* devînt l'*œuvre des affligés*. L'origine de » celle-ci est touchante, je la dirai en quelques mots : Un » de nos collaborateurs habite la banlieue. Il profitait » des loisirs que lui faisait la suspension de notre œuvre » pour aller le dimanche distribuer des traités aux abords » et à l'intérieur du cimetière de Saint-Ouen. C'est avec » tristesse qu'il voyait l'abandon dans lequel se trouvait » la foule immense des affligés. Nulle part, ni à l'aller ni » au retour, excepté pour quelques rares enterrements » protestants, il n'y avait place pour une parole d'espé- » rance, et pourtant quelle meilleure préparation à la » prédication de l'Evangile que cette rencontre avec la » mort ! Un incident qui se produisit dans une de ses vi- » sites fut pour lui un trait de lumière. Un jour, voyant » une jeune femme qui pleurait sur une tombe, il s'ap- » procha d'elle et lui offrit un traité de circonstance. » Elle l'accepta et le remercia chaleureusement. Cette » tombe était celle de son mari mort depuis trois » mois. Après quelques autres paroles échangées avec » la veuve, il prit congé d'elle ; mais à peine l'eut-il » perdue de vue qu'il fut poursuivi par le regret de ne » lui avoir rien lu de l'Evangile, regret rendu plus vif » encore par la réflexion que l'occasion manquée ne se » représenterait plus. Comme les choses se seraient au- » trement passées, s'il y avait eu dans le voisinage » une chapelle à l'usage des affligés ! Telle fut sa ré- » flexion, quand il me fit part de cette rencontre.

» A cette époque j'étais en Suisse, en séjour dans » les environs de Genève. Ici trouve sa place un inci- » dent qui, en temps ordinaire, aurait passé inaperçu, s'il

» n'avait pas été pour quelque chose dans ma détermi-
» nation. Assis en face du lac, par une des journées les
» plus ensoleillées de la saison et à une heure des plus
» chaudes de l'après-midi, ma pensée était tournée du
» côté de la rue Royale et de son œuvre suspendue, et
» je demandais à Dieu de m'indiquer mon chemin. Un
» ruisseau coulait à quelques pas. Je me levai pour y
» aller boire. Mais il était profondément encaissé et je
» n'avais rien pour y puiser. En m'approchant à travers
» l'herbe épaisse, je heurtai du pied contre un objet qui
» rendit un son argentin. Je me baissai : c'était un verre.
» Je le plongeai dans le ruisseau et je bus à ma soif.
» Au milieu des pensées qui me préoccupaient, je vis
» là une parabole. Il me sembla entendre la voix du
» Seigneur me dire : « Prends courage ! je te donnerai
» de l'eau vive et un verre que tu porteras aux lèvres
» altérées. » Mon chemin était tracé.

» Je répondis à mon collaborateur : « nous ferons
» l'*œuvre des affligés.* »

La chapelle de Saint-Ouen fut inaugurée le 5 février 1882. Plus tard, une seconde salle s'ouvrit à Pantin. Il serait urgent d'en ouvrir une aux abords du vaste cimetière de Bagneux. Le meilleur hommage à rendre à la mémoire de notre frère, ce sera de continuer et de développer son œuvre. « Nous espérons, écrivait-il, que d'autres y entre-
» ront après nous et que, avant peu d'années, il n'y
» aura pas une avenue conduisant à l'un des cimetières
» des environs de Paris où il n'y ait, comme à Saint-
» Ouen, un refuge ouvert à tous les désolés, en vue d'a-
» mener une rencontre entre eux et le Seigneur. »

Quelques-unes de ses dernières paroles ont encore manifesté sa sollicitude pour l'Œuvre des Affligés.

Ce n'est pas que son activité se bornât à son ministère spécial. Il était membre-secrétaire du conseil d'administration de la *Colonie de Sainte-Foy*, qu'il avait contribué à fonder.

Il en fut de même du refuge aujourd'hui dirigé par Mlle Appia. Il a appartenu au comité de la *Société Biblique de France*, de la *Société Évangélique*, de l'*Alliance Évangélique*, de la *Société des Traités Religieux*. Il était gérant de l'*Ami de la Maison* et du *Rayon de Soleil*. Les traités qu'il publia pendant le siège, et qui furent largement répandus, sont parmi les meilleures de nos publications populaires. Il en imprima 70,000 exemplaires. Quelques-uns de ces traités, envoyés à son insu par « ballon monté » à Lyon et à Nîmes, furent réimprimés en province. Enfin il a laissé en manuscrit un grand nombre de méditations courtes et substantielles qu'il avait l'intention de reviser et de publier un jour, et qui, j'en ai la confiance, ne seront pas perdues pour l'Eglise.

Mais ce qui caractérisait surtout notre frère, c'était son influence personnelle ; c'était le charme d'une nature distinguée et délicate, sanctifiée par une intime communion avec Dieu. Il faisait songer aux paroles de l'apôtre : « Que toutes les choses véritables, toutes les choses honnêtes, toutes les choses justes, toutes les choses pures, toutes les choses aimables, occupent vos pensées. » Les hommes étrangers à la vie spirituelle le traitaient sans doute de mystique ; soit, pourvu que l'on se rappelle qu'il y a deux mysticismes : le mauvais mysticisme qui vit dans les abstractions stériles et les contemplations oisives, et le bon mysticisme, c'est-à-dire, au fond, la piété qui ne se paye pas de mots et de formes, mais qui se nourrit de réalités spirituelles. Ce mysticisme-là fait des hommes à la fois pieux et pratiques. Notre frère, s'il était un homme d'une vie intérieure profonde, était aussi un homme d'initiative et d'action, un homme de bon conseil et de bon secours. Le secret de son influence paisible et puissante, c'était sa piété, et le secret de sa piété, c'était la prière. De là cette patience, disons plus, cette sérénité, d'autant plus remarquable qu'elle accompagne bien rarement la douloureuse maladie dont il était atteint. De là cette charité qui lui avait inspiré le principe de conduite qu'il formulait ainsi : « Il faut toujours croire au bien jusqu'à évidence contraire. »

Parlerai-je de sa vie de famille ? Essayerai-je de dépeindre cet intérieur où l'on était sûr de rencontrer un accueil si bienveillant, où l'on respirait je ne sais quelle atmosphère particulièrement pure, où la vie de la pensée s'ajoutait à celle du cœur, où le vrai et le bien se rencontraient avec le beau ?

Rappellerai-je les épreuves successives dont il fut frappé ? En septembre 1871, la mort de sa fille Madeleine qui, à 23 ans, désirant, comme elle le disait elle-même, rester avec les siens, si c'était la volonté de Dieu, s'en allait en disant : « Il a pris mes péchés, tous mes péchés ; je savais bien qu'il serait avec moi jusqu'à la fin. » En 1883, c'était son fils Ernst, un peintre distingué, dont le talent donnait déjà plus que des promesses. Il y a trois ans, c'était sa petite-fille Valentine ; il y a deux ans, c'était Juliette. Quel déchirement pour son cœur et pour le cœur de celle qui, pendant cinquante-trois ans, partagea avec lui toutes les peines et toutes les joies de la vie ! Dieu seul peut la soutenir aujourd'hui ; il le fait, il ne cessera pas de le faire.

Depuis un an ou deux, la santé de notre frère alla déclinant de plus en plus ; mais l'on ne pouvait le voir sans se rappeler les beaux vers qu'il a lui-même cités dans un de ses rapports sur l'œuvre de la Rue Royale :

> Le vieillard qui revient à la source première
> Entre aux jours éternels et sort des jours changeans ;
> Et l'on voit de la flamme aux yeux des jeunes gens,
> Mais dans l'œil du vieillard on voit de la lumière.

Il vient de s'éteindre doucement comme une lampe à laquelle l'huile fait défaut.

A nous, maintenant, à vous surtout, ses enfants et ses

petits-enfants, de marcher sur sa trace, de continuer son œuvre, de faire valoir le riche héritage qu'il nous a laissé, et pour cela de nous abreuver à la source où il s'est abreuvé lui-même. On parle à nos jeunes gens de la nécessité d'avoir un idéal : cet idéal, s'il est autre chose qu'un rêve, il faut le chercher en Dieu. C'est en Jésus-Christ seul que l'idéal et le réel se rencontrent. Il nous faut trouver, avec le pardon, la paix, la force, la lumière la dignité de la vie et celle de la mort, la consolation efficace et l'espérance éternelle dans la communion de celui qui n'a pas cessé de nous dire : « Comme le Père m'a aimé, ainsi je vous ai aimés ; demeurez dans mon amour. »

ALLOCUTION DE M. LE PASTEUR HIRSCH

Je l'aimais comme on aime le plus fidèle des amis, le meilleur des pères.

Pendant quinze ans il m'a aidé, soutenu, porté à travers la vie, et ce n'est pas sans une indicible angoisse que je regarde à ces jours nouveaux où il me faudra désormais cheminer seul, sans lui.

Je me souviens de notre première rencontre. C'était à la chapelle de la rue Royale. J'appartenais à la foule errante pour qui cette chapelle avait été ouverte. J'y entrai. Ce que j'entendis ne fut pas nouveau. Je l'avais entendu ailleurs. Mais ce qui fut nouveau, du moins pour moi, c'est la physionomie si sereine de celui qui parlait, son regard si bienveillant, l'onction inimitable avec laquelle il lisait la Parole de Dieu et l'appliquait au cœur de ceux qui l'écoutaient. Cela, on ne l'oubliait plus.

Tel je l'avais vu à la rue Royale, tel je le revis plus tard dans son cabinet, et plus tard encore, lorsqu'il me fit l'honneur immérité de m'appeler à travailler à ses côtés. Il était bien toujours le même, tel qu'il m'était apparu dès la première heure, « ne se doutant même pas que la vie pût avoir un autre objet que d'aimer, d'aimer encore, d'aimer sans jamais se lasser d'aimer. » (1).

C'est ainsi que le virent tous ceux que Dieu plaça sur sa route pour qu'il les amenât au salut, à l'espérance et à la vie chrétienne. Il ne se bornait pas à leur annoncer le message divin et ne croyait pas sa tâche finie lorsque, ce message, ils l'avaient accepté. « Ce sont de petits enfants,

---

(1) Paroles par lesquelles M. Armand-Delille caractérisait son noble ami, le comte Agénor de Gasparin, et qui le caractérisaient si bien lui-même.

aimait-il à nous dire, ils sont à peine nés. Il faut veiller sur leurs premiers pas, les entourer de sollicitude et ne pas nous étonner si, parfois encore, ils bronchent ». Certes, il souffrait de leurs chutes, mais ne sut jamais y trouver un motif de les abandonner. Je me rappelle le ton sévère avec lequel il s'exprima sur une lettre qui lui faisait un devoir de ne plus s'intéresser à « un de ses enfants de la rue Royale » sous prétexte qu'il n'était plus digne de sa sympathie. « Mais il ne m'est pas prouvé qu'il est à terre, s'écria-t-il. Et le serait-il que je me pencherais sur lui avec d'autant plus de tendresse, je ramasserais le pauvre blessé et le porterais à Celui qui pardonne et qui guérit. Me détourner de lui à cette heure serait une insigne lâcheté ; ce serait surtout une insigne infidélité, après laquelle le Seigneur n'aurait plus qu'à me dire : Tu n'as rien compris à mon œuvre ; je ne t'ai jamais connu. »

Lui, si fidèle dans les petites et dans les grandes choses et qui aurait eu, plus que tout autre, le droit de se scandaliser des inconséquences de la piété, il redisait sans cesse : « Je sais, un peu par l'expérience des autres et beaucoup par ma propre expérience, que les habitudes sont souvent en retard sur la foi. »

Cette charité inépuisable, qui s'étendait à tout et à tous, était parfois incomprise aussi bien de ceux qui en étaient l'objet que de ceux qui en étaient les témoins. Ces derniers laissaient entendre, tout bas, le mot de naïf.

Naïf ! Il l'était comme saint Jean, comme saint Paul, comme le Sauveur lui-même. Ni de près, ni de loin, il n'appartenait à ce dilettantisme religieux qui, après avoir médité avec émotion le treizième chapitre de la première épitre aux Corinthiens, ne veut plus en garder la moindre souvenance au jour où il s'agit d'être implacable envers quelques-uns afin de pouvoir user d'une plus coupable indulgence envers les autres... et envers soi-même. Il demandait en grâce qu'on ne souffletât pas la Parole de

Dieu après qu'on l'eût encensée et qu'on ne la dépouillât pas de son inspiration première et de sa puissance essentielle : de la justice et de la charité.

A ceux qui ignorent encore ce que peut un ministère pénétré d'un tel esprit, je livre les deux faits suivants pris entre cent autres :

Dans ce cabinet de la rue Portalis qui, pour beaucoup de ceux qui y ont passé, est devenu un sanctuaire, se présenta un solliciteur à l'extérieur peu recommandable. Il fut reçu et écouté avec la bienveillance habituelle. « Je crains que votre histoire ne soit pas vraie dans tous ses détails. Mais je n'en suis pas sûr et je ne puis aller me renseigner à l'adresse que vous me donnez. Tenez, voilà un secours. Si vous ne le méritez pas, vous aurez la triste satisfaction de vous dire que vous avez trompé un vieillard. » A ces mots, le solliciteur fondit en larmes, rendit la pièce de monnaie que déjà il avait dans la main et confessa que l'histoire qu'il avait racontée était inventée dans ses principales parties. Le vieillard le releva avec bonté, lui montra dans ce réveil tardif de la conscience la certitude que Dieu ne l'avait pas abandonné et ne l'abandonnerait pas dans la suite. Je ne sais ce qu'est devenu ce malheureux ; mais, avec moi, vous ne seriez pas étonnés que cette scène eût eu sur sa vie une influence décisive et bénie.

Devant notre chapelle de Saint-Ouen passait tous les dimanches un des hommes les plus connus dans le monde de la libre-pensée révolutionnaire. Sa fillette de six ans avait été enterrée dans le cimetière voisin. Nous le pressions d'assister à nos réunions. Il s'y refusa longtemps. Un jour, il entra à la chapelle avec la pensée d'en sortir aussitôt. Mais le beau vieillard (ce sont ses expressions), qui parlait, le retint malgré lui. Plus tard, il l'entendit lire le récit de la résurrection de la fille de Jaïrus. « Je ne sais si c'est vrai, dit-il, mais un tel accent de douceur et de bonté vous le fait croire. » Il revint régulièrement avec sa femme et lorsque, quelques années plus tard, il se mourait de la phthisie, qui déjà avait emporté son enfant, la figure du beau vieillard était constamment devant ses yeux et c'est son nom qu'il prononça — avec quelle joie et quelle reconnaissance! — avant de rendre le dernier soupir.

Ce nom, ils sont nombreux ceux qui le répètent, soit qu'ils vivent, soit qu'ils meurent. La parole qu'il écrivit à un de ses amis, à qui il offrait de substituer les trois étoiles conventionnelles à une appellation plus précise : « J'espère que plus de trois brilleront un jour autour de votre tête ; » — cette parole, nous pouvons la lui appliquer. D'Orient et d'Occident, du Nord et du Midi, ils se lèvent aujourd'hui ceux à qui il a tendu une main secourable, ceux qui, par lui, se sont repris à espérer et à vivre ; ils se lèvent pour mêler leur douleur à la vôtre, Madame.

Combien nous étions heureux, vous et moi, de nous dire l'un à l'autre ce qu'il était pour nous, dans notre affection et dans notre admiration qui, l'une et l'autre, croissaient jour après jour jusqu'à devenir pour nous un véritable culte.

Et, maintenant, il nous a quittés. Ce foyer, auquel vous vouliez bien me faire une petite place, est découronné. Celui qui, de son cœur si grand et si tendre, unissait d'un lien si étroit tous les cœurs — les cœurs des parents, des enfants, des petits-enfants — tous ces cœurs qui battaient à l'unisson du sien, n'est plus là. Mais il nous sera rendu. Non, il n'est pas mort! Non, ce cercueil ne le retiendra pas captif! Il vit! Il vit dans cette terre nouvelle où habite la miséricorde, dans la société des saints et des rachetés dont il portait déjà l'auréole ici-bas, auprès de tous ceux qui l'ont aimé et qu'il a aimés, qui l'ont précédé et qu'il a rejoints comme nous le rejoindrons un jour.

Ami vénéré, ô mon père, je vous bénissais chaque jour alors que vous étiez avec nous, je vous bénis maintenant que, pour un peu de temps, vous nous avez quittés. Ma suprême ambition sera désormais de ne pas être trop indigne de l'exemple et de la tâche que vous me léguez. Et si, dans ce ministère des déshérités et des affligés que vous m'avez appris à respecter et à aimer, je parviens à rappeler quelquefois que je suis votre fils spirituel, je l'attribuerai, après la grâce de Dieu, à la communion des vivants et des morts à laquelle, aujourd'hui plus que jamais, je sens le besoin de croire (1).

(1) Ep. aux Hébreux, XII, 1.

ALLOCUTION DE M. LE PASTEUR HOLLARD

Mes frères,

Je réponds à un vœu qui m'a été exprimé par la famille de l'ami vénéré que nous pleurons, et j'accomplis en même temps un devoir douloureux et doux en prenant ici la parole au nom de l'*Union des Églises évangéliques libres de France*.

M. le pasteur Armand-Delille était membre de l'une des églises de cette *Union, l'Église réformée évangélique du Nord*, à Paris. Il avait été, avec Frédéric Monod et le comte Agénor de Gasparin notamment, l'un des fondateurs de cette église et de l'*Union* dont bientôt cette église devait faire partie.

Ces souvenirs lui étaient chers. Ils nous sont chers, à nous aussi et je puis bien ajouter, sans sortir de la réserve que m'impose la fraternelle hospitalité du Temple où nous sommes en ce moment, je peux bien ajouter, dis-je, que de pareils souvenirs ne peuvent inspirer qu'un sympathique respect à quiconque a un cœur chrétien et attaché à la foi de notre chère et vieille Réforme française. Car c'était dans l'intérêt de la libre profession de cette foi par l'Église et pour obéir à leur conscience, que les hommes que j'ai nommés ont cru devoir rompre des liens qui leur tenaient au fond du cœur et c'était pour préparer, par le moyen qui leur semblait le meilleur, cette union qui est dans nos vœux à tous et qui liera en un seul faisceau, devant les hommes, comme ils le sont déjà devant Dieu, tous les fils légitimes de la Réforme dans notre patrie.

Je n'essaierai même pas de dire ce que notre frère a été dans son église et dans notre *Union*. Il nous a apporté ce qu'il apportait partout, c'est-à-dire, en particulier, une foi intense, un ardent désir d'amener les âmes à Dieu, de les lui attacher toujours davantage, et cette grande générosité de cœur qui était son charme, je dirai même son prestige et qui était sa force aussi.

Lorsque, sans rompre jamais les liens qui l'attachaient à l'église de son choix, il se fut engagé, — vous savez de quel élan et avec quelle vaillance, — dans le champ missionnaire où l'avaient appelé les malheurs de la patrie, son cœur de croyant et la voix de son Dieu, nous l'avons accompagné de nos plus ardentes sympathies et nous avons, avec bien d'autres, béni Dieu des fruits si beaux que son œuvre a portés.

Lorsqu'il se vit arrêté dans son travail par la maladie et par l'âge, nous avons compris ce qu'il devait souffrir et nous avons beaucoup souffert avec lui.

Maintenant nous le pleurons. Nous le pleurons avec toutes nos églises. Nous le pleurons avec vous, ses bien-aimés, qui aviez la meilleure part, la part la plus intime de ce cœur si aimant.

Ah ! combien il doit vous manquer ! n'est-ce pas ? On a beau s'attendre à une pareille séparation, on a beau y avoir exercé son âme, on a beau en avoir vu se multiplier les présages, on a beau avoir dit cent fois : cela doit être ; lorsque le moment en est venu, lorsque la mort est là, lorsque l'inexorable silence a commencé entre nous et celui qu'elle nous a repris..., notre cœur se brise et il nous semble, au moins pour un moment, que tout, dans le monde, n'est que désordre, ironie et vanité !

Nous nous souvenons alors des « jours d'autrefois » (Ps. LXXVII, 6). Je m'en souviens aussi, avec vous, en ce moment. Je le revois, par une radieuse matinée passée dans le Jardin du Luxembourg, environné d'une belle couronne d'enfants, tout heureux et tout fier de leur joie et de leur amour. Il y a longtemps de cela. C'était alors le printemps de votre belle vie de famille. Dès lors bien des années de bonheur ont passé pour vous ; bien des années de deuil aussi. Dès lors plus d'une fleur de cette belle couronne s'est flétrie, avant le temps, — et maintenant vous voilà, vous, ceux qui restent, couverts de vêtements noirs, autour du cercueil de votre père et soutenant votre mère bien-aimée, veuve désormais. Ah ! nous comprenons que vous le pleuriez et, encore une fois, nous le pleurons avec vous.

Nous le pleurons aussi avec tant d'amis auxquels il manquait déjà, mais auxquels il va manquer plus encore. Nous le pleurons avec tous ces affligés qu'il a consolés dans leurs deuils et qui, maintenant, vont avoir besoin d'une consolation que, pour la première fois, il ne pourra pas leur apporter.

Mais, en le pleurant, nous bénissons Dieu de tous les dons qu'il lui avait faits et qu'il a mis si fidèlement en œuvre dans sa longue vie employée au plus beau, au plus saint travail qu'il soit donné à un homme de poursuivre. Parmi ces dons nous n'oublierons pas le plus grand, le plus précieux, celui sans lequel tous les autres eussent été vains, celui pour lequel, s'il nous parlait maintenant, il nous exhorterait à bénir Dieu tout premièrement : je veux dire la miséricorde que Dieu lui avait faite par Jésus-Christ, son Sauveur.

Nous bénissons Dieu aussi du repos qu'il lui donne, auprès de lui, dans la lumière, après son rude travail.

Je lis, dans un psaume, cette parole : « Heureux celui qui s'intéresse à l'affligé ; au jour de la calamité l'Eternel le délivrera. » (Ps. XLI, 1).

L'Eternel l'a délivré, lui qui a été pour les « affligés » un ami si fidèle et je me représente ceux qu'il a consolés le recevant dans les tabernacles éternels, selon la parole de l'Ecriture, et le conduisant à Celui au nom duquel il les a consolés. Dieu fera descendre aussi sur tous les siens une bénédiction particulière, surabondante, en ce jour de deuil.

Il le fera à cause de son amour à Lui ; il le fera aussi à cause de tous ceux auxquels notre ami a apporté le témoignage de cet amour dans les jours de la détresse. Dieu est fidèle, il n'oubliera pas, dans leur affliction, la femme, les enfants, les petits-enfants du fondateur de « l'Œuvre des Affligés ! »

Il multipliera, après lui, les fruits de son travail et il exaucera notre prière quand nous lui demanderons de susciter dans nos églises beaucoup d'hommes qui sachent croire et aimer comme lui.

PRIÈRE

DE M. LE PASTEUR EUGÈNE DE FAYE

O Père ! maintenant que nous comprenons, par tout ce qui a été dit. l'étendue de notre perte, tout en la déplorant, comment ne pas te bénir ? Au milieu des larmes. comment ne pas faire entendre les actions de grâce ? Oui, nous te bénissons de ce qu'une vie comme celle-là a été vécue ici-bas. Nous te louons de ce que ton Esprit a fait éclater dans une âme d'homme tant de qualités aimables et distinguées. Pareil spectacle nous fortifie, nous encourage, nous console.

C'est ainsi, ô Père miséricordieux, que tu exauces nos prières ; nous te demandons l'effusion de l'Esprit, et voici les créations morales de cet Esprit qui attestent sa présence parmi nous.

Puisque c'est ainsi que tu nous bénis, nous ne nous laisserons pas arrêter par le spectacle qui frappe nos yeux C'est ici le signe et le témoignage de notre défaite. Voilà où nous en sommes réduits. Qu'importe ? O Père Éternel ! ne nous fais-tu pas discerner, au sein même de cette dissolution, ce qui est incorruptible, au sein de ce qui passe ce qui dure ?

Oh ! veuille qu'en cet instant, la pensée de ceux qui pleurent notre frère s'attache à ce spectacle, invisible au regard terrestre, mais transparent pour l'âme.

Quant à nous, qui les entourons de notre sympathie, fortifie notre foi par la vue même de ce qui pourrait l'ébranler. Que toutes les âmes se sanctifient dans le recueillement et dans la communion avec ton Esprit, au nom de Jésus-Christ. *Amen !*

www.ingramcontent.com/pod-product-compliance
Ingram Content Group UK Ltd.
Pitfield, Milton Keynes, MK11 3LW, UK
UKHW020407250726
13967UKWH00006B/2509